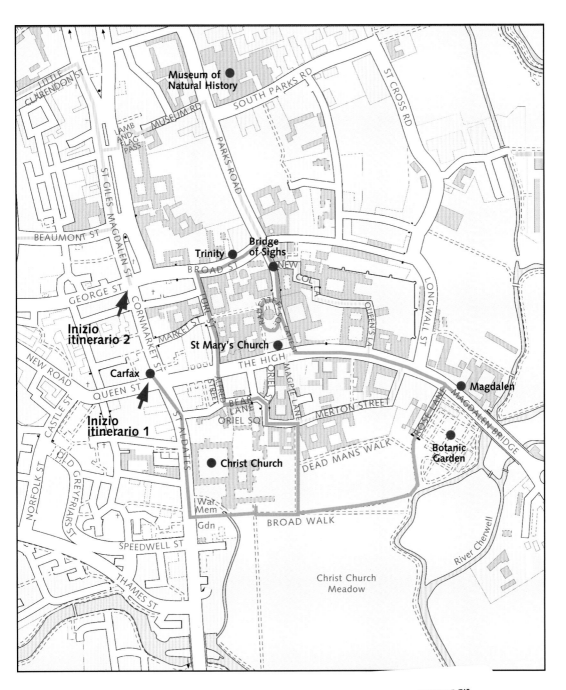

Museum of
Natural History

Bridge
of Sighs

Trinity

St Mary's Church

**Inizio
itinerario 2**

Carfax

**Inizio
itinerario 1**

Magdalen

Christ Church

Botanic
Garden

Christ Church
Meadow

Benvenuti a Oxford

In questa magnifica città sorgono oltre 40 antichi collegi universitari, interconnessi strettamente uno con l'altro. Le strade sono ricoperte di ciottoli e conservano inalterato il loro aspetto secolare, le porte in legno socchiuse offrono scorci pittoreschi su giardini inglesi, ordinati quadrangoli e antiche scalinate che si inoltrano nel cuore dei collegi. Volgendo lo sguardo al cielo, si possono ammirare splendidi campanili, antiche incisioni e slanciate guglie che trafiggono le nuvole.

L'antico splendore è accentuato dal fascino della città moderna, con i suoi teatri, gallerie, librerie, caffé, pub e ristoranti. Oggi, i turisti possono godere di tutti questi comfort del ventunesimo secolo tra una visita degli edifici e la scoperta dei tesori della città universitaria per eccellenza al mondo.

Breve storia della città

Non è stato mai stabilito esattamente quando i primi abitanti si insediarono sul territorio presso il fiume Tamigi, dove l'acqua era talmente poco profonda che si poteva guadare con i buoi (oxen). Tuttavia, "Oxenford" assunse un carattere leggendario quando la principessa sassone Fridesvida vi fondò un monastero, in seguito ad un intervento divino grazie al quale sarebbe riuscita ad eludere un insolente corteggiatore. La Cappella della Madonna nella Cattedrale di Christ Church conserva le reliquie di Santa Fridesvida.

Qualunque sia la verità nella legenda, non c'è dubbio che nel XII secolo, Oxford stava già divenendo il fulcro dell'apprendimento, in particolare dopo che nel 1167 Enrico II aveva interdetto gli studenti inglesi dal frequentare l'università di Parigi. Nel XIII secolo, gli studenti, spesso chiassosi e ribelli, avevano frequenti diverbi con i cittadini per cui, per tenerli a bada, furono realizzati per loro alcuni alloggi rudimentali. Nacquero così i primi collegi universitari: University College, Merton e Balliol furono tra i primi ad essere fondati tra il 1249 e il 1280.

Alla metà del XVI secolo, gli ecclesiastici Thomas Cranmer, Nicholas Ridley e Hugh Latimer furono giustiziati al rogo per aver sostenuto la fede protestante. Un secolo più tardi, durante la Guerra Civile, Oxford si schierò saldamente con la monarchia. A metà del XIX secolo, John Keble, John Newman e Thomas Arnold diedero vita al Movimento di Oxford con l'intento di ridestare lo spirito della cristianità antica. Nel frattempo, la città e l'università crebbero e si allargarono, in una fusione di splendidi edifici, di cupole e guglie che ogni anno richiamano l'attenzione di milioni di visitatori.

Carfax e St Aldates

Carfax dà il nome ad un movimentato incrocio, da secoli luogo di incontro. L'appellativo deriva dal latino *quadrifurcus* ((quattro forche) e in passato ospitava un vasto mercato, un'enorme chiesa e un condotto d'acqua in pietra. Un tempo le strade erano intasate, ma oggi il traffico è limitato. Qui si può cominciare l'itinerario a piedi, partendo da Carfax attraversando St Aldates fino a raggiungere Christ Church.

Carfax Tower

Dall'apice di questa trecentesca torre dell'orologio, si può godere uno straordinario panorama. Tanto è vero che per ammirare il profilo della città, si devono salire 99 gradini, La torre è l'unica testimonianza di San Martino, una chiesa medievale andata distrutta nel 1896.

Torre di Carfax

Golden Cross

La tradizione racconta che nel 1593 William Shakespeare, in viaggio verso Londra, soggiornò nella locanda. L'incantevole piazzetta commerciale vi fungeva un tempo da cortile. I viaggiatori affamati e assetati possono ancora oggi trovare ristoro nei caffé e nei ristoranti della piazza. Da Golden Cross si può accedere ad un mercato coperto (vedere p. 8), così i visitatori possono passare di qui nel loro tragitto di andata e ritorno da Cornmarket.

Golden Cross

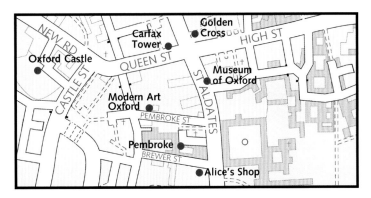

Pembroke College

Pembroke College

Pembroke, fondato nel 1624, prende il nome dal 3o Conte di Pembroke, ed è specializzato in legge. Tra i suoi laureati più illustri si annoverano Michael Heseltine e Samuel Johnson. Il lessicografo era un eccentrico che non si allontanò quasi mai dal suo alloggio nei quattro trimestri trascorsi qui durante i quali bevve molto tè: il college conserva ancora la sua teiera. Quando nel 1926–45 era professore di filologia anglosassone a Pembroke, J.R.R. Tolkien scrisse *Lo hobbit*. La Cappella è nota per i suoi dipinti.

Maschera funeraria di Oliver Cromwell, Museo di Oxford

Museum of Oxford

Scoprire la storia della città e della sua università percorrendo le fasi storiche di Oxford attraverso una serpentina di sale. Le esposizioni includono i fanciulli della Torre di Carfax, i reperti archeologici e le scene della vita universitaria nei secoli.

Oxford Castle

Oxford Castle Unlocked svela gli oscuri segreti del passato della città, rivelando le vicende del castello e della prigione. Lo storico maniero sorge accanto a numerosi caffè e ristoranti ospitati all'interno di un ampio cortile. L'edificio non dista molto da New Road e Castle Street.

Modern Art Oxford

In totale contrasto con le strade acciottolate di Oxford, questi spazi espositivi hanno la fama di esibire alcune delle migliori opere d'arte contemporanee. Il museo non dispone di mostre permanenti, ma si possono ammirare le esposizioni temporanee e fare una sosta nella caffetteria.

Alice's Shop

Ai bambini piacerà il Negozio di Alice. Proprio qui Alice Liddell, che ispirò il personaggio di Alice nel paese delle meraviglie, acquistò le sue caramelle e l'Alice della fantasia fu servita da una pecora rude nel libro di Lewis Carroll e "Attraverso lo specchio".

Christ Church

Dal Negozio di Alice su St Aldates si scorge un'entrata che conduce al più illustre collegio di Oxford, Christ Church, fondato all'inizio del XVI secolo dal Cardinale Wolsey. Passato il cancello, attraversando il parco verso "The House" (la Casa), appare sulla destra Christ Church Meadow. Il sentiero sulla destra conduce al fiume Tamigi o "Iside", come vi si fa riferimento con un gioco di parole qui ad Oxford.

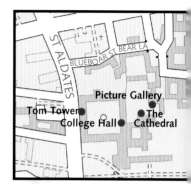

The College

Nel 1525 Wolsey, Lord cancelliere di Enrico VIII, riversò denaro e ambizione in quello che avrebbe dovuto essere il Collegio del Cardinale, il più grandioso della città, scegliendo per l'impresa il luogo dove un tempo era sorto il Monastero di Santa Fridesvida. Tuttavia, quattro anni più, tardi il Cardinal Wolsey uscì dalle grazie del re. Il sovrano pose il proprio marchio sul collegio e sulla cattedrale, ribattezzandoli nel 1546 Christ Church e decretando che la cappella del collegio sarebbe stata la cattedrale della città, l'unica del suo genere in tutto il mondo.

Christ Church

Evelyn Waugh

The House (Christ Church) ospita il personaggio fittizio di Sebastian Flyte nel "Ritorno a Brideshead" di Evelyn Waugh. Lo scrittore, studente dell'Hertford College, fa alloggiare Sebastian presso i Meadow Buildings. Un altro personaggio originale è Anthony Blanche, il quale racconta di essere stato immerso nella fontana di Tom Quad.

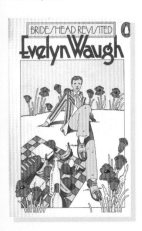

Tom Tower

La solenne gatehouse, con la sua torre ottagonale, progettata da Wolsey, ma terminata da Wren nel 1681, domina il quadrangolo di Tom Quad, nel quale si erige una statua di Mercurio. Il quadrangolo e l'ingresso prendono il nome dal Great Tom, la campana di 7 tonnellate che di notte rintocca 101 volte per indicare il numero originale degli studenti.

Refettorio

Tom Tower

The Cathedral

Nel suo interno si trovano le reliquie di Santa Fridesvida che nell'VIII secolo in questo luogo avrebbe fondato un monastero. La vetrata colorata ne narra la storia, i pannelli più recenti sono opera dell'artista preraffaelita Edward Burne-Jones, uno studente di metà Ottocento. È da ammirare lo spettacolare soffitto a volta sul coro, ricordando che sebbene la guglia della cattedrale non sia enorme, fu la prima in Inghilterra.

College Hall

Quest'enorme sala ha ispirato l'adattamento cinematografico della sala da pranzo di Hogwart nel famoso Harry Potter. Qui pranzava il docente di matematica Charles Dodgson (anche noto come Lewis Carroll), che sicuramente durante i pasti concepì il suo *Alice nel paese delle meraviglie*.

Picture Gallery

La pinacoteca ospita una squisita collezione di dipinti italiani che abbracciano ben quattro secoli, tra i quali compaiono opere del Veronese e del Tintoretto.

Turl Street

Da questa stretta via, spesso designata come "The Turl", dal tornello girevole che un tempo la custodiva, si può accedere a tre collegi. Svoltare a sinistra su The Turl, verso Market Street, per raggiungere il mercato coperto di Oxford, trasferito qui nel 1772, quando i chioschi di Carfax (vedere p. 4) divennero impossibili da gestire. Ma attenzione: nel mercato si possono trascorrere ore ed ore ad osservare l'abbondanza e la varietà dei prodotti.

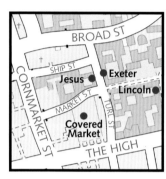

Lincoln College
Gran parte di questo edificio risale al XV secolo, mentre la biblioteca è ubicata presso l'adiacente Chiesa di Ognissanti. Wesley, il padre del Metodismo, divenne un ricercatore a Lincoln, dopo essersi laureato a Christ Church.

Exeter College
Nella cappella decorata con arazzi di Edward Burne-Jones e William Morris, l'Ispettore Morse, il poliziotto creato dalla fantasia di Colin Dexter, ascolta l'ultimo brano della sua vita, il canto gregoriano In Paradisum prima di accasciarsi, colto da malore, sul prato del college.

Mercato coperto

Exeter College

Jesus College
Hugh Price, il tesoriere della Cattedrale di San Davide nel Pembrokeshire, fondò il Jesus College nel 1571, desideroso che gli studenti gallesi avessero un proprio collegio ad Oxford. T.E. Lawrence (Lawrence d'Arabia) e l'ex primo ministro Harold Wilson ne furono entrambi studenti.

Broad Street

Al termine di The Turl si trova Broad Street, un tempo fuori dei confini cittadini. Questa arteria centrale, delimita l'estremità settentrionale del centro cittadino. Gli studenti e i turisti si raccolgono in questa strada per visitare le librerie, i negozi dell'università, l'Ufficio del Turismo (TIC), i collegi e l'e spettacolare edificio dello Sheldonian (vedere p. 10).

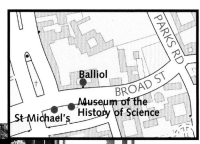

San Michele della porta Settentrionale

St Michael at the Northgate

La quasi millenaria torre anglosassone di San Michele faceva un tempo parte delle mura cittadine ed è l'edificio più antico di Oxford. Nella torre si conserva una collezione di argenti e dalla sommità vi si può godere uno splendido panorama. Salendo verso la cima, si passa davanti alla porta della cella che imprigionò i martiri di Oxford (vedere p. 16).

Museum of the History of Science

Vi è la lavagna di Einstein ed altri quindicimila oggetti utilizzati dagli scienziati nei secoli. Astrolabi, strumenti matematici, telescopi, microscopi, macchine fotografiche, ecc., custoditi nell'elegante Old Ashmolean Building, che nel 1683 fu il primo edificio in assoluto ad essere progettato come museo.

Balliol College

Balliol College

Istituito nel 1263 da John de Balliol come penitenza dopo una disputa, Balliol era originariamente riservato agli studenti meno abbienti. Tra i personaggi famosi che vi si laurearono ci furono gli scrittori Matthew Arnold, Gerard Manley Hopkins, Aldous Huxley, Graham Greene, Anthony Powell, Nevil Shute e i politici Roy Jenkins, Edward Heath, Harold Macmillan e Denis Healey.

Broad Street

The Sheldonian

Uno dei primi capolavori di Christopher Wren, oggi divenuto una sala per concerti e lezioni, nonché sede di cerimonie universitarie. L'edificio è fiancheggiato da un semicerchio di teste barbute in pietra, scolpite in modo bizzarro, con lo sguardo fisso sull'altro lato della strada, verso la libreria Blackwell's. Lo scultore Michael Black realizzò queste copie moderne dagli originali di Wren, che a loro volta erano stati copiati da sculture romane. Gilbert Sheldon, Arcivescovo di Canterbury e rettore dell'università, commissionò questo edificio semiovale nel 1663. Per il suo progetto, il giovane Christopher Wren, ricercatore presso All Souls, dove era professore di astronomia, si ispirò al Teatro di Marcello di Roma. All'interno, vi si trovano la poltrona del rettore e gli stupendi soffitti affrescati di Robert Streeter raffiguranti il trionfo delle arti e della scienza sull'invidia e sull'ignoranza. Qui si tiene l'annuale cerimonia dell'Encaenia, durante la quale si conferiscono le lauree honoris causa dopo una solenne processione. L'irta salita per raggiungere la cupola ricompensa gli sforzi con uno splendido panorama.

Trinity College

The Sheldonian

Trinity College

I suoi giardini sono uno spazio verde nel cuore della città e il collegio è dotato di quattro incantevoli quadrangoli. Sembrerebbe che il mastro artigiano Grinling Gibbons abbia realizzato gli intagli della cappella, avvalendosi di una combinazione di legno di tiglio, noce, pero e rovere.

Orario di apertura

L'orario di apertura dei college è indicato in una bacheca affissa all'entrata. La maggior parte di essi è aperta nel pomeriggio. Per alcuni l'entrata è gratis, mentre per altri, seppur minima, è a pagamento.

Blackwell's

Blackwell's

Da Blackwell's, un tempo, potevano entrare contemporaneamente solo tre clienti. Era il 1879, quando Benjamin Blackwell decise di aprire una libreria di seconda mano. Oggi è una delle più grandi librerie al mondo, con circa 5 km di scaffali e con un piano seminterrato (sala Norrington) che si estende sotto il Trinity College. Lungo Broad Street ci sono numerosi punti vendita Blackwell, ma l'edificio originale è quello davanti allo Sheldonian.

Oxford Martyrs

La croce sulla strada commemora il punto in cui i martiri di Oxford (vedere p. 16), l'arcivescovo Thomas Cranmer e i vescovi Nicholas Ridley e Hugh Latimer, furono giustiziati al rogo per aver sostenuto la fede protestante nell'Inghilterra romana cattolica della regina Maria. Ridley e Latimer perirono nel 1555, mentre Cranmer fu bruciato nel marzo del 1556.

Clarendon Building

Adiacente allo Sheldonian sorge il classico Clarendon, un edificio progettato da Hawksmoor per l'Oxford University Press, che oggi impiega ancora la sigla editoriale Clarendon Press. La casa editrice si trasferì nella sua sede attuale di Walton Street, mentre Clarendon ospita gli uffici dell'università.

New College Lane

Dopo l'abbondante sontuosità di Broad Street, il
delicato fascino del "Ponte dei Sospiri" di Oxford,
che si inarca graziosamente su New College Lane,
colpisce in modo sorprendente e inaspettato.
Questa sinuosa stradina medievale è ricca di sorprese: un pub nascosto, uno sguardo alla residenza
di Edmund Halley e due interessanti collegi.

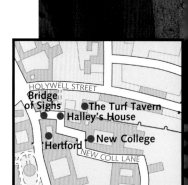

Ponte dei Sospiri

The Turf Tavern

Bridge of Sighs

Quest'incantevole costruzione
è più recente di quello che
sembra. Sir Thomas Jackson
la progettò nel 1913 per
collegare il vecchio e il nuovo
quadrangolo di Hertford
College, separati da New
College Lane. Nessuno vi fa
riferimento con il nome
originale, Hertford Bridge,
data la distinta somiglianza
con il suo più famoso
omonimo di Venezia.

The Turf Tavern

La prima volta, tutti hanno
bisogno di aiuto per trovare
questo celebre pub. Percorrere
New College Lane, superando
il Ponte dei Sospiri e sulla
sinistra apparirà uno stretto
vicolo chiamato St Helen's Passage, che non sembra condurre da nessun
parte, ma seguendolo si incurva, raggiungendo il lungo e basso Turf Tav
letteralmente la taverna dell'ippica, dalle sue precedenti associazioni co
le corse dei cavalli. Il pub, originariamente un maltificio, fiancheggia le
mura della città antica e risale al Medioevo, sebbene gran parte di ciò ch
è attualmente visibile appartenga al XVI secolo. La serpentina di stanze
presenta un soffitto basso e nel giardino c'è un braciere per riscaldarsi la

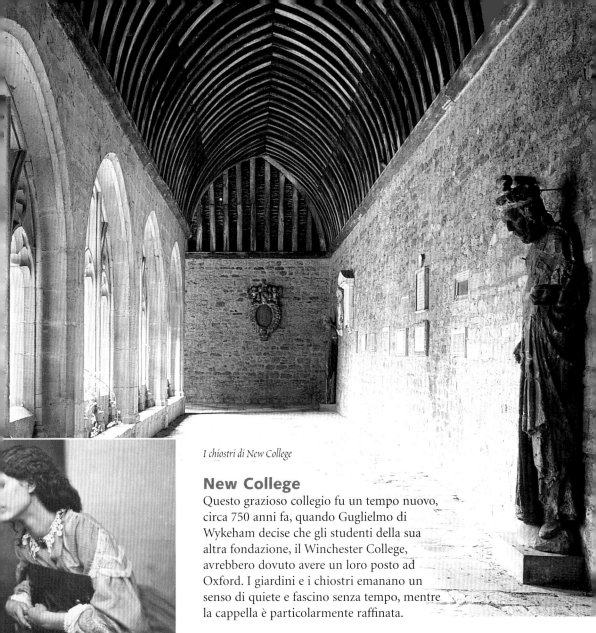

I chiostri di New College

New College

Questo grazioso collegio fu un tempo nuovo, circa 750 anni fa, quando Guglielmo di Wykeham decise che gli studenti della sua altra fondazione, il Winchester College, avrebbero dovuto avere un loro posto ad Oxford. I giardini e i chiostri emanano un senso di quiete e fascino senza tempo, mentre la cappella è particolarmente raffinata.

Halley's House

Sulla parete del n. 7 di New College Lane è affissa una targa che indica la residenza dalla quale Edmund Halley osservava le stelle e in cui, come astronomo reale, stabilì il suo osservatorio e scoprì la cometa che oggi porta il suo nome.

Hertford College

Sebbene nel famoso romanzo di Evelyn Waugh, *Ritorno a Brideshead*, il protagonista Sebastian Flyte sia uno studente di Christ Church, lo scrittore frequentò Hertford College negli anni '20. La storia di un'idillica vita studentesca prende ispirazione dall'esperienza personale dell'autore. Hertford fu istituito nel 1874, in seguito alla fusione di due muri medievali con il sostegno finanziario del facoltoso banchiere Thomas Baring.

Una storia modello

Presso St Helen's Passage (Passaggio di Sant'Elena, un tempo denominato il Passaggio dell'Inferno) viveva l'incantevole Jane Burden, figlia semianalfabeta di uno stalliere, che incontrò l'artista e non ancora laureato William Morris. Divenne sua moglie e la sua più famosa modella, e il resto, come si dice, è storia.

Radcliffe Square

Si tratta di un gruppo di edifici dominati dalla struttura circolare a cupola di Radcliffe Camera, realizzata a metà del XVIII secolo. Oltre la Camera si trova il cuore della Biblioteca Bodleiana, la collezione di libri più famosa al mondo. La Camera e la Bodleiana sono accessibili al pubblico c'è un'entrata presso il Quadrangolo di Old Schools, e con una visita guidata si possono visitare la Divinity School e la Biblioteca Duke Humfrey. L'accesso al Brasenose College è laterale a Radcliffe Square, mentre dall'altro lato della Camera si possono ammirare, attraverso un grandioso cancello in ferro battuto, le torri gemelle e la meridiana di Wren di All Souls College.

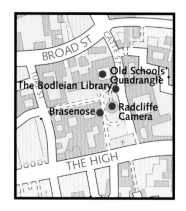

Radcliffe Camera

L'edificio più storico di Oxford è oggi la sala di lettura dell'adiacente Biblioteca Bodleiana, creato per ospitare la vasta biblioteca del dott. John Radcliffe, il consigliere medico della Regina Anna. L'idea di una rotonda, il cui termine significa "camera" o "stanza", fu proposta dall'architetto Nicholas Hawksmoor, che morì nel 1737, prima dell'inizio dei lavori, e fu quindi James Gibbs a realizzare il progetto finale.

Radcliffe Camera

Tower of the Five Orders

Old Schools' Quadrangle

Questo spazio silenzioso, dominato dall'imponente Torre dei Cinque Ordini, è anche l'accesso alla Bodleiana e alla Divinity School. Ci sono delle entrate e delle scale che si aprono sul quadrangolo, ciascuna riportante il nome latino della scuola o della disciplina. Le mura sono decorate con simboli e strumenti, mentre la Torre dei Cinque Ordini, l'entrata principale al quadrangolo, sfoggia i cinque più importanti stili dell'architettura classica.

Bodleian Library

L'edificio centrale della Bodleiana, la biblioteca di ricerca dell'università, è ubicato nel Quadrangolo di Old Schools. Consultata dai letterati di tutto il mondo, è una delle uniche sei biblioteche autorizzate a conservare una copia di ogni libro pubblicato in Gran Bretagna, in seguito ad un accordo stipulato tra Sir Thomas Bodley e la Stationers' Company nel 1610. Una galleria sotterranea (non accessibile al pubblico) collega la biblioteca con la Radcliffe Camera.

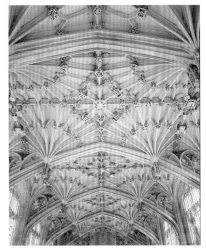

Divinity School

Quest'area quattrocentesca ha fama di essere la più bella sala d'Europa. Lo spettacolare soffitto con volta a ventaglio è costellato da rilievi riportanti la cotta d'armi dei suo finanziatori e da figure di bizzarri animali e personaggi biblici.

Divinity School

Brasenose College

L'originale "brazen-noze" (naso di ottone), un battente a foggia di animale araldico, è affisso sulla parete della sala da pranzo. Se il tempo lo permette, si può restare a lungo seduti nel "Parco dei Daini".

Il "Parco dei Daini", Brasenose College

The High

Ad Oxford c'è un modo maestoso di indicare disinvoltamente le strade solo per nome e articolo determinativo, di conseguenza The Broad, The Turl e naturalmente The High. Si tratta di una raffinata e spaziosa arteria principale, fiancheggiata da collegi, che si curva verso il Giardino Botanico e il Ponte della Maddalena.

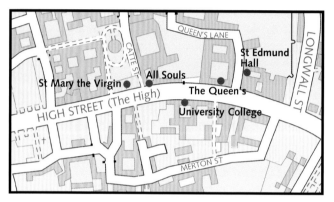

University Church of St Mary the Virgin

Con il suo portico decorato e la guglia che si leva verso il cielo, Santa Maria è stata al centro degli eventi nazionali. I martiri di Oxford, i vescovi Ridley e Latimer e l'arcivescovo Cranmer, ecclesiastici anglicani, furono processati in questo luogo. In una colonna della navata settentrionale c'è un solco dove nel 1556 fu fissata la piattaforma sulla quale fu giustiziato al rogo l'arcivescovo Cranmer. Jon Wesley, fondatore del Metodismo, sconcertò le personalità della città 200 anni più tardi quando, predicando nella chiesa, inveì contro la rilassatezza morale ecclesiastica e accademica. John Keble diede vita al Movimento di Oxford da questo stesso pulpito nel 1833. Per raggiungere la vetta si devono salire i 127 scalini della torre duecentesca.

Portico della Vergine

La statua profusamente ornata della Madonna e Gesù Bambino sulle colonne tortili del "Portico della Vergine" di Santa Maria turbò i puritani a metà del XVII secolo. Sulla statua sono ancora visibili i fori causati dalle pallottole dei soldati di Cromwell.

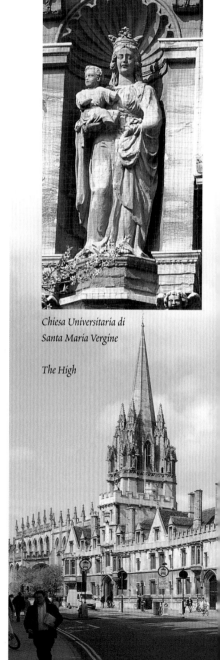

Chiesa Universitaria di Santa Maria Vergine

The High

Il Memoriale di Shelley, University College

University College

Nel tardo XIX secolo, questo collegio ricevette una scultura a grandezza naturale del poeta annegato Percy Bysshe Shelley, sebbene all'epoca il dono non risultò probabilmente molto gradito. Nei sei mesi di studio presso il college, il giovane poeta si comportò in modo dirompente, fino a che nel 1811, con la scusa di aver pubblicato un opuscolo sull'ateismo, le autorità universitarie lo incarcerarono.

All Souls College

Da diversi punti del Grande Quadrangolo di questo collegio si possono ammirare le magnifiche torri gemelle di Nicholas Hawksmoor. L'architetto progettò anche la Biblioteca Codrington, sulla cui parete poggia la meridiana di Christopher Wren. All Souls non ha laureandi, tutti gli studenti sono già dei laureati in gran parte impegnati nella ricerca accademica.

All Souls College

The Queen's College

Hawksmoor contribuì anche alla realizzazione di questo collegio, progettando la cupola in stile italiano dell'entrata. The Queen's fu fondato nel XIV secolo, tuttavia vanta degli edifici del XVII e XVIII secolo e una storia di stravaganti tradizioni, quali la cerimonia natalizia della testa di cinghiale. L'evento commemora l'episodio di uno studente di Shotover Hill, che si salvò da un feroce cinghiale, infilandogli nella morsa vorace un libro sull'opera di Aristotele. La cena nel refettorio viene annunciata al suono di una tromba.

St Edmund Hall

"Teddy Hall" si affaccia su Queen Street, il suo minuto quadrangolo è uno dei prediletti di Oxford e la cappella vanta delle squisite vetrate colorate, realizzate da Burne-Jones e Morris.

Merton Street

Non potrebbe esserci un contrasto maggiore tra l'ampia maestosità di The High e l'originalità acciottolata di Merton Street, che la fiancheggia. Deviare su Oriel Street o Magpie Lane, che sbuca in The High, e sembrerà di essere tornati indietro nel tempo di centinaia di anni. Si possono ammirare tre dei collegi più antichi di Oxford, passando anche davanti al raffinato edificio dell'Examination Schools.

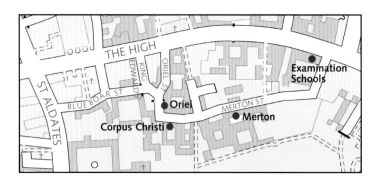

Oriel College

Entrando nel quadrangolo frontale in stile gotico, non si può fare a meno di notare le incisioni profusamente decorate del parapetto antistante. Le parole testimoniano la lealtà di Oxford alla Corona durante la Guerra Civile. *Regnante Carolo* (Carlo regnante) simbolizza l'essenza della loro ardente speranza. Il collegio fu fondato nel 1326 da Edoardo II, che in ritirata dalla sconfitta inflittagli a

Oriel Street

Bannockburn dagli scozzesi, fece voto di fondare un collegio in nome di Maria Vergine, se si fosse salvato. Quindi, la "Casa della Beata Maria Vergine di Oxford" fu istituita da un riconoscente Edoardo, mentre il collegio deve la sua fama probabilmente alla finestra a loggia sporgente (oriel window) oppure all'edificio che vi sorgeva in precedenza, "L'Oriole".

Corpus Christi

La statua di un pellicano che si cava il sangue dal petto per sfamare il proprio piccolo s'innalza nell'incantevole quadrangolo principale di questo collegio cinquecentenario. Il pellicano raffigurante il Corpus Christi (corpo di Cristo) fu originariamente realizzato dallo scultore cinquecentesco Charles Turnbull, mentre quello attuale è una replica creata da Michael Black. Il collegio fu fondato nel 1517 da Richard Foxe, Vescovo di Winchester, è oggi rinomato per i suoi insegnamenti delle discipline umanitarie e scientifiche.

Corpus Christi

Sentiero lungo Merton College

Merton College

Ammirare sull'entrata le incisioni del leone, dell'unicorno e dell'agnello assieme a Giovanni Battista e ad un'altra figura in ginocchio, presumibilmente Walter de Merton, il fondatore del collegio. Cancelliere d'Inghilterra, Merton istituì il collegio nel 1264. Il suo Mob Quad è il quadrangolo più antico di Oxford. Volgere ancora lo sguardo verso l'alto mentre si attraversa il Fitzjames Passage per ammirare i segni dello zodiaco incisi nel soffitto a volta. L'antica cappella di Merton presenta una ricca vetrata colorata.

Examination Schools

L'edificio neogiacobino fu progettato nel 1882 da Sir Thomas Jackson per accomodare centinaia di studenti durante gli esami finali. Questo non è probabilmente il ritrovo prediletto degli studenti, ma offre un'immagine imponente, girando l'angolo da Merton Street per ritornare su The High.

Caffè storico

Tornando su The High, fare una sosta sulla sinistra per sorseggiare un tè o un caffè presso il Grand Café, che sorge sullo stesso punto della prima casa da caffè inglese (1650).

Examination Schools

Ponte della Maddalena

C'è moltissimo da vedere presso il Magdalen (pronunciato sempre "maudlin"), uno dei collegi più ricchi di Oxford. Il Ponte della Maddalena è un antico punto di attraversamento sul percorso a serpentina del fiume Cherwell, che separa il terreno del collegio dal Giardino Botanico, dall'altro lato della strada. Il ponte, con la sua rimessa, è il punto di partenza di molte gite in barca (punting). Camminando attraverso il Giardino Botanico e lungo Broad Walk si torna a Christ Church.

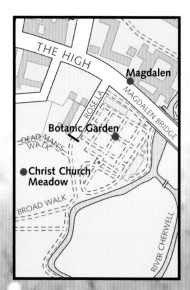

Magdalen College

Con gli splendidi giardini, gli spaziosi chiostri, il Parco dei Daini e le passeggiate lungo il fiume è un piacere visitare il Magdalen College, fondato nel 1458. Dirigendosi verso l'entrata, si possono notare sulle pareti del collegio delle grottesche incisioni, molte delle quali sono caricature di personaggi che vissero e lavorarono qui secoli fa. Il minuto Quadrangolo del Cappellano ospita una statua evocativa di Cristo e Maria Maddalena, realizzata da David Wynne. Sul tetto della Grande Torre, che raggiunge i 48 metri di altezza, si riunisce annualmente alle sei di mattina il coro per salutare il May Day. I festeggiamenti che seguono, tra cui le danze Morris e lo champagne, appartengono anch'essi alla tradizione. I chiostri del collegio e l'erboso quadrangolo, dominati da singolari figure in piedi, infondono un senso di quiete e bellezza. Se si visita il collegio in aprile, non lasciarsi sfuggire le cosiddette Testa di serpente bianche e viola (fritillaria meleagris), che come nebbia ricoprono il prato lungo il fiume.

Il prato del Magdalen College

Botanic Garden

Attraversare la strada per ammirare la collezione botanica, passeggiare lungo il fiume o semplicemente godersi la magnifica struttura del parco, con la sua varietà di piante, come la collezione nazionale di *euforbia*. In questo giardino botanico, il più antico del Regno Unito, si coltivano le piante al fine di conservazione, riferimento e ricerca accademica. Oltre al giardino sistematico, si possono ammirare aree con acqua e rocce, alberi e una varietà di esemplari con relative targhette informative.

Giardino Botanico

Punting

Studenti e turisti apprezzano il piacere e il pericolo che comporta la conduzione di un'imbarcazione a fondo piatto con il sostegno, talvolta incerto, di una lunga pertica. Per chi lo sa, bisogna tradizionalmente posizionarsi nella parte posteriore della barca. A Cambridge, dove si manovra l'imbarcazione dalla piattaforma piatta, la consuetudine di Oxford viene vista come una cattiva pratica. In entrambi i casi, quando si riesce a governare l'imbarcazione in linea retta, si è pervasi da un senso di appagamento, che giustifica l'arduo impegno.

Magdalen College

Christ Church Meadow

Seguire Rose Lane fino a raggiungere Christ Church Meadow. Quando il percorso si dirama, continuare su Dead Man's Walk lungo le mura di Merton College, oppure procedere in linea retta fino al fiume e Broad Walk.

Beaumont Street and St Giles

A pochi minuti dal movimentato centro cittadino si raggiunge l'area verdeggiante di St Giles, ancora circondata da antichi collegi ma con una sensazione di spaziosità e rilassatezza. Qui si trovano il Memoriale dei Martiri di Oxford, un celebre pub dove si incontravano regolarmente gli scrittori J.R.R. Tolkien e C.S. Lewis e Museo Ashmolean con la sua fantastica collezione di reperti archeologici e stupendi dipinti.

Ashmolean Museum

In questo sontuoso edificio neoclassico all'angolo tra Beaumont Street e St Giles si conserva una collezione di arte e antichità iniziata nel XVII secolo dai cacciatori di piante, John Tradescant padre e John Tradescant figlio. Il collezionista Elias Ashmole espose i suoi tesori a Broad Street, in quello che fu considerato uno dei primi musei britannici. In seguito, la collezione fu suddivisa tra l'edificio di Beaumont Street, il Museo Universitario di Storia Naturale e il Museo Pitt Rivers (vedere pp. 24–25).

Randolph Hotel

Visitare il Morse Bar (dall'Ispettore Morse, personaggio di Colin Dexter, che talvolta si concedeva una pinta o due mentre era in servizio) per un po' di ristoro. Ad Oxford, il Randolph Hotel è un'istituzione amata da molti.

Museo Ashmolean

Il mercato contadino di Gloucester Green

Gloucester Green

Un tempo sede del mercato del bestiame, oggi questa piazza ospita il mercato contadino e gli altri mercati di prodotti agricoli e di antichità. La piazza è circondata da una ampia varietà di negozi.

The Martyrs' Memorial

George Gilbert Scott progettò questo solenne memoriale nel 1841, trecento anni dopo la morte dei tre religiosi giustiziati al rogo per aver non aver rinnegato il Protestantesimo. L'arcivescovo Cranmer con la Bibbia in mano è rivolto a nord, Nicholas Ridley guarda verso est e Hugh Latimer con le braccia conserte, ha la testa abbassata verso ovest.

Il Memoriale dei Martiri

The Eagle and Child

The Eagle and Child

L'autore del *Signore degli Anelli*, J.R.R. Tolkien, il suo amico C.S. Lewis e molti altri scrittori di Oxford, noti con il nome collettivo di "Inklings", erano soliti incontrarsi ogni martedì nella cosiddetta "sala del coniglio" per discutere sulla Terra di Mezzo e Narnia. Si possono ammirare numerosi memorabilia e il "The Bird and Baby", un affettuoso appellativo del pub, è di per sé interessante.

In direzione di Gerico

Sul lato occidentale di St Giles, verso l'area cittadina denominata Gerico, si snodano due vie che vale la pena esplorare per i loro negozi, caffè e ristoranti. Little Clarendon Street e Walton Street sono entrambe piene di sorprese.

Walton Street

Parks Road

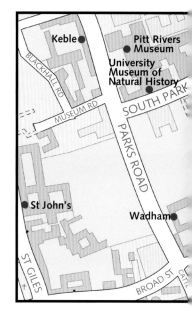

Il Lamb and Flag Passage, uno stretto passaggio accanto al vecchio pub presso St Giles che porta lo stesso nome, conduce a Museum Road, la cui denominazione preannuncia quello che segue. Su Parks Road s'innalza maestoso lo splendido Museo Universitario di Storia Naturale vicino al suo straordinario equivalente, il Museo Pitt Rivers. Sul lato opposto, l'edificio in mattoni a pareti striate è Keble College, mentre il più sobrio Wadham College si trova sulla strada di ritorno verso il centro.

University Museum of Natural History

I bambini adorano questo museo luminoso e arieggiato, gremito da colossali scheletri di dinosauri e bacheche contenenti ogni sorta di animali un tempo viventi. L'edificio gotico vittoriano, con il suo alto e arcuato soffitto, ospita un dodo impagliato, l'ultimo in Europa e l'ispirazione del dodo nelle storie di "Alice nel paese delle meraviglie" di Lewis Carroll. Si possono ammirare anche minerali, rocce, conchiglie e pietre. Nella torre si trovano nidi di rondoni e, tramite una telecamera web, è possibile osservare le abitudini di questi uccelli.

Museo Universitario di Storia Naturale

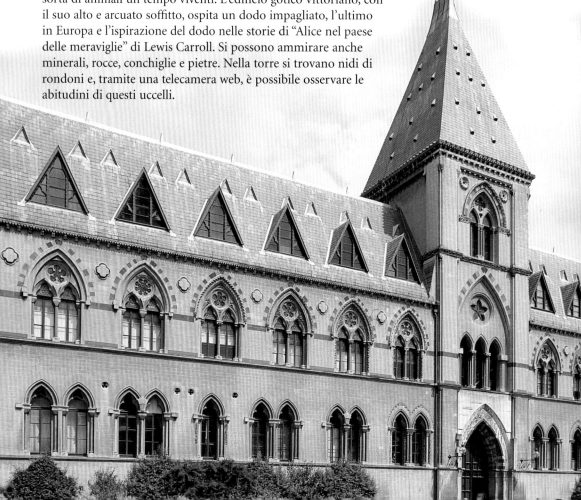

Pitt Rivers Museum

Visitare il Museo di Storia Naturale cercando di decidere a cosa dare precedenza. L'edificio ospita infatti mezzo milione di oggetti, ordinati per tipo, in modo che il visitatore possa osservare lo sviluppo delle idee di tutto il mondo.

Ci sono maschere, armi, tessuti, monete, strumenti musicali, utensili, idoli, gioielli e molti altri oggetti, quali gli artefatti raccolti durante la spedizione del Capitano James Cook nel Pacifico del Sud. Il "cuore" della collezione fu donato dal Luogotenente Generale Augustus Henry Fox Pitt Rivers nel 1884.

Museo Pitt Rivers

St John's College

Uno dei collegi più ricchi di Oxford, Sir Thomas White fondò St John's nel 1555, in onore di Giovanni Battista. Sir Thomas era il figlio di un facoltoso commerciante di stoffe e Giovanni Battista è il protettore dei sarti. I visitatori possono raggiungere i giardini ben curati attraverso il Quadrangolo di Canterbury.

St John's College

Wadham College

I coniugi del Somerset, Nicholas e Dorothy Wadham, commissionarono l'edificazione di questo collegio su un progetto proprio, sebbene nessuno di loro lo vide ultimato. Nicholas morì prima dell'inizio dei lavori, così la vedova decise che la missione della sua vita sarebbe stata la costruzione dell'università ad opera di un gruppo di artigiani del Somerset. A capo del progetto ci fu William Arnold, costruttore anche di Montacute House nel Somerset. Appena terminati i lavori, Dorothy redasse gli statuti del collegio, senza mai lasciare la sua dimora nel Somerset.

Keble College

Keble College

"Un dinosauro con un golfino dell'Isola di Fair", così fu definita da alcuni spiritosi la muratura di questo collegio, realizzato nel 1886 su sotto-scrizione pubblica per offrire un'opportunità agli studenti meno abbienti. Porta il nome di John Keble, il fondatore del Movimento di Oxford, i cui sostenitori desideravano evocare lo spirito della Cristianità antica. Nella cappella del colle-gio si conserva uno dei dipinti più famosi al mondo: *La Luce del Mondo* di Holman Hunt.

Informazioni

Numerose consuetudini e tradizioni, quali la celebrazione di May Day (il 1° maggio), sono divenute ricorrenze annuali alle quali partecipano in ugual maniera i residenti e i turisti. Altri eventi si svolgono regolarmente durante il corso dell'anno.

Informazioi sugli eventi

Le informazioni su tutti gli eventi sono disponibili presso l'Ufficio del Turismo.

Febbraio
Celebrazioni per l'anno nuovo cinese presso St Aldates; Torpids, gare di canottaggio sul fiume Tamigi

Marzo
Torpids – gare di canottaggio sul fiume Tamigi

Aprile
Sunday Times Oxford Literary Festival le sedi variano ogni anno

Maggio
Celebrazioni del May Day in tutta la città; Eights Week, gare di canottaggio sul fiume Tamigi; Balloon Fiesta presso Cutteslowe Park; Parata di Lord Mayor, ultima festa nazionale di maggio; Oxford Fun Run, University Parks; Beating the Bounds

Giugno
Encaenia ; Oxford Canal Festival

Luglio
Swan Upping, il censimento dei cigni lungo il fiume Tamigi; Festival dello Sport

Agosto
Jazz nel Parco; Regata Reale della Città di Oxford

Settembre
Fiera di Sant'Egidio

Novembre
Regata di Christ Church

Dicembre
Canti Natalizi di Lord Mayor presso il municipio; Danza Morris di S. Stefano presso Headington Quarry

Beating the Bounds

Un 'imponente processione di residenti, guidata dal sindaco e dagli accademici, Marcia intorno ad Oxford, battendo letteralmente I vecchi cippi con dei bastoni sottili, urlando "Marca, marca, marca!". La cerimonia si tiene sempre a maggio, nel giorno dell'Ascensione.

Celebrazioni di May Day

Il coro del Magdalen College sale sulla torre del collegio per dare il benvenuto al Primo Maggio (vedere p. 20), seguito da una colazione a base di champagne, immersioni mattutine nel fiume Cherwell, danze Morris in Broad Street e Radcliffe Square e baldoria generale.

Torpids

i **Ufficio del Turismo (TIC)**
15/16 Broad Street, Oxford
OX1 3AS
Tel: +44 (0)1865 686430
info@experienceoxfordshire.org
www.experienceoxfordshire.org

Shopmobility
Uso di sedie a rotelle e piccoli mezzi elettrici.
Level 1a, Westgate Shopping Centre Car Park
Lun. – Ven. 9.30–16.00

Musei e gallerie

Ashmolean Museum
+44 (0) 1865 278000,
www.ashmol.ox.ac.uk;
Pinacoteca di Christ Church
+44 (0) 1865 276172,
www.chch.ox.ac.uk/gallery;
Museo di Arte Moderna
+44 (0) 1865 722733,
www.modernartoxford.org.uk;
Museo di Storia della
Scienza +44 (0) 1865
277280, www.mhs.ox.ac.uk;
Museo di Oxford
+44 (0) 1865 252761,
www.museumofoxford.org.uk;
Museo Pitt Rivers
+44 (0) 1865 270927,
www.prm.ox.ac.uk;
Museo Universitario di
Storia Naturale
+44 (0) 1865 272950,
www.oum.ox.ac.uk

Visite ed escursioni

Tutti i dettagli sulle visite
e sulle escursioni sono
disponibili presso l'Ufficio
del Turismo.

Le guide Blue Badge offrono
degli itinerari a piedi
giornalieri con partenza
dal TIC di Broad Street.
Il percorso dell'Ispettore
Morse si tiene il sabato,
mentre il Tour dei Fantasmi
il venerdì e il sabato sera.

Le visite commentate su
autobus scoperto sono
disponibili quotidianamente.
I barchini (con o senza
"nocchiere") si possono
affittare presso il Ponte
della Maddalena, mentre le
escursioni in barca si
svolgono regolarmente da
Folly Bridge.

Encaenia

A giugno, i direttori dei
collegi e gli altri dignitari
universitari, sfilano in toghe
rosse e abiti accademici
nelle strade della città
fino allo Sheldonian,
dove si conferiscono le
lauree honoris causa per i
conseguimenti eccezionali.

Encaenia

Fiera di Sant'Egidio

Questa fiera di due giorni risale al 1625, quando si teneva una
piccola festa parrocchiale in onore di Sant'Egidio, patrono dei
mendicanti e dei lebbrosi. Oggi si festeggia con giostre, bancarelle
e qualsiasi sorta di divertimento in strada, presso e intorno a St
Giles, il primo lunedì e martedì successivi al 1° settembre.

Prima di copertina: Radcliffe Camera, Università di Oxford Quarta di copertina: Punts sul fiume in Oxford

Ringraziamenti
Fotografia di Neil Jinkerson © Pitkin Publishing.
Altre fotografie, per gentile concessione di: 12c, 17t, 27t (Oxford Picture Library), 26 (Ben Ramos); Getty Images: Prima di copertina (Noppawat Tom Charoensinphon); John Crook: 7cl, 7tr; John Curtis: 2/3, 12/13, 16c, 24b; John Heseltine: 9tr; Pitkin Publishing: 4bl, 4/5, 8cr, 12r, 22, 26; Museum of Oxford: 5c; Pitt Rivers Museum: 25cl; The Cathedral Christ Church Oxford: 6/7 inset; V & A Picture Library: 13cl.

L'editore desidera ringraziare la guida Blue Badge, Leatrice Beeson, per l'assistenza nella preparazione di quest'opera.
Testi di Annie Bullen, l'autrice si riserva i diritti morali.
Redazione di Angela Royston.
Progetto grafico di: Simon Borrough.
Ricerca fotografica di: Jan Kean.
Pianta della città/ pianta park and ride di The Map Studio, Romsey, Hants, GB; itinerari a piedi di Simon Borrough; piante cartografiche © George Philip Ltd.
Traduzione di Esmeralda Baglioni Lines per First Edition Translations Ltd, Cambridge, UK.

Pubblicazione in questo formato © Pitkin Publishing 2019.

Tutte le informazioni sono aggiornate al momento della stampa, ma potrebbero essere soggette a modifiche.

Stampato nel Turchia.
ISBN: 978-1-84165-188-0

GUIDE TURISTICHE PITKIN

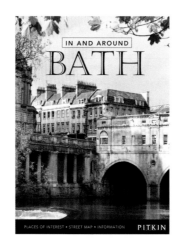

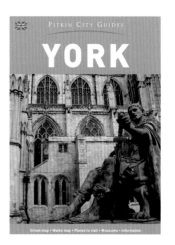

Questo volume appartiene ad una serie di guide turistiche delle città
Disponibile per ordine postale
Per richiedere un catalogo completo delle pubblicazioni attualmente in commercio, contattateci o visitare il nostro sito Web **www.pavilionbooks.com**
Pitkin Publishing, Pavilion Books Company Limited, 43 Great Ormond Street, London WC1N 3HZ
Informazioni e vendite: +44 (0)20 7462 1500
Email: sales@pavilionbooks.com